欲望のままに生きるのをやめたら、
月で
やせてました

42歳・インドア漫画家

市川ヒロシ
Hiroshi Ichikawa

鍋のシメを食べないなんて…
鍋に対して失礼だっ!!

集英社

2年前…
うわ…85キロになってる…
ついこの前まで83キロだったのに…
トシ取ると食べてないのに太るよなあ…
厄年まっただ中の42歳…
ねぇミーちゃん俺太った？
え…？別に？
身長180センチで85キロは一般的には軽肥満の部類なのだが
生まれつきの筋肉質な体型のおかげかそこまで太っているようには見えなかったのだ
(ジムで測った筋肉量)
胴体 MAX
腕 MAX
脚 MAX
評価 アスリート並みです
う…運動もせず家でマンガしか描いてないんだけど…
じゃ別に気にしなくてもいっか
別にええんちゃう？

「気にしなくていっか」
飲んだ後のラーメン世界イチうまいわ〜
ワインはポリフェノール入ってるから
2本カラ
身体にいいんだよね〜
健康のために朝ごはんはしっかり食べなきゃ!!
フライドチキンファミリーパック(6P)
ファミリーじゃなくても余裕で食えたわ
この日のこの甘えた考えからそれまで習慣だった毎日体重を量るという行為をやめ好きに飲み食いし続けた結果…
その1
1年後
いや〜この日本酒うめーーっ
むち
むちっ
むち
気付いたら、あと少しで0.1トンの体重に……!
…………
…なあ最近体重って量った?
えっ?全然
だって俺筋肉質な体型だし太って見えないから大丈夫でしょ
すみませーんコレおかわり〜
ぎしっ
………

…いや正直
太って見えるで？
えっ!?
ウソでしょ!?
どこがっ!?
ガタッ
どこがって…
鏡見てきたら？
TOILET
きりっ
くいっ
…別にそんなに
変わってないじゃん？
ふう…
大げさだな
まったく…
アイツも
今日は酔ってるし
そんな風に
見えただけで…
TOILET
…あれ？
座ってた席
どっちだっけ？
？
店内広いから
迷っちゃった…
ん？

え…？
だ…誰？
この太った
醜いおっさん…？
オ…オレだ…
紛れもなく
オレだ…!!!
鏡の前では
いわゆる「キメ顔」をするから
多少やせて
見えていただけ…
アゴひいて
「映え」する
キメ角度で…
気を抜いた姿は
こんなに
醜いのか…
た…確かに
少しは太ったかもね
でもさ
そこまでじゃ
ないよね？
ね？
ね？
…………

あ〜もう ウルサイなあ!!!
少しどころ ちゃうわっ!!
え!?
ええ加減 自分に甘えるの ヤメて 体重を量ってみ!?
筋肉質という 言葉に 逃げとる だけやで!?
ちょ…今日は 酔いすぎでは…
ええ加減 現実を直視せえ
デブッ!!!
ガァーーン
出会った頃と 全然違う!! 詐欺やわっ!!
ががガーン
「デブ」より キツい その言葉…!!
わかったよ 量りゃいいんだろ…
まあでもどうせ 増えてて2〜3キロ 多くても4〜5キロ ってとこだろ…
ヤレ ヤレ
すっ

97.0
え…
えええ
えええーっ!!?
きゅ…97キロ!!?
い…1年で12キロも増えたってこと…!!?
うっさいなぁ 何事やねん?
あ…ゴメン み…見てよ これ…
あら惜しいっ!! あと3キロで 0.1トンやん!!
にゃははは〜
トン!!!
この日 ついにダイエット することを 決意しました…

欲望のままに生きるのをやめたら、2ヶ月で12kgやせてました
もくじ

その2
その気になりゃダイエットなんて簡単……?
12キロ増…
じゅうに…
ジュウニ!?
しばらくの間この現実を飲み込むことが出来なかった…
と…とにかく今日からダイエットだ!!
くわっ
やせるぞ!!
そこでまず実践したのが…
糖質を摂ると太るので糖質制限
ビールをハイボールに
糖質と塩分のカタマリのラーメンは控える
代わりに肉をモリモリ食べる
満腹感を得るためとりあえずよくかむ
モグ モグ モグ
肥満に効くという「漢方」を飲んでみる
ごっくん
すると
1ヶ月で1キロ減!!
96.0
ほーら その気になりゃやせられるんだよ
♪~
よ~し このペースで1年かけて太ったのを1年かけて元に戻せばいいや

しかし
そこから…
96.2
1ケ月たっても
96.0
2ケ月たっても
3ケ月4ケ月
5ケ月たっても…
96.3
体重は
横這い状態
半年たっても
96キロの
まま…
半年で
たった1キロ…
こ…このペースじゃ
元に戻るのに
5〜6年かかるやん…
5〜6年で
元に戻れば
まだマシ
やけどな…
は!?
ポリ…
だってさー
昔はもっともっと
やせてたんやろ?
た…確かに…

高校～大学時代は70キロ前後で
スラッ
見た目もかなりスリムだった
「M」サイズの服も着れてた
現在は「XXL」ですけど何か？
それが上京してわずか1年で
あれ？
83キロに
この時も一年間体重を量らなかった…
しかしその気になればやせられる
漫画家なので生活は不規則
今に元に戻れる
へーき へーき
お酒は基本毎日
だって元々70キロだったもの
肉大好き
などと思いながらのらりくらりと生きてきて気が付けば…!!
約15年間この体重をがっちりキープ
そうだったあああああ
今回そこからさらに12キロ増なのにこのままじゃやせられるワケがないっ!!

どうしよう…
はぁ…
やっぱジム通って運動するしかないのかなあ…
そのジムも過去2度も入会と退会繰り返しとるわな
ズバッ
そういうことホントよく憶えてるよねキミは
ていうかアンタ基本的に自分に甘いんやから…
他人に厳しく管理してもらわんとアカンのちゃう？
えってことはミーちゃん協力してくれんの!?
なんでやねんウチはそんな面倒なことやらへんわ
ぷいっ
でしょうね
…そんなワケで
ダイエット業界で有名な徹底した管理体制の某ジムの無料カウンセリングにやってきたのだった
どうぞこちらへ
ほえ〜従業員のお兄さんさすがにシュッとしたいい身体してんな〜…

その3
ジムの無料カウンセリングに行ってみた
ダイエットジムの無料カウンセリングを受けることになった
では市川さん どのような身体になりたいですか?
え…? ど…どのようなって…
べ…別に筋肉ムキムキとかじゃなくて…
1年半前の85キロくらいの普通の体型に戻れたらいいかな〜って…
なるほど分かりました
美BODY
では現在身長180センチ体重96キロの市川さんが…
ウチの一般的な2ヶ月のダイエットコースを実践していただきますと…
ピッ ピッ
こちらのグラフをご覧ください

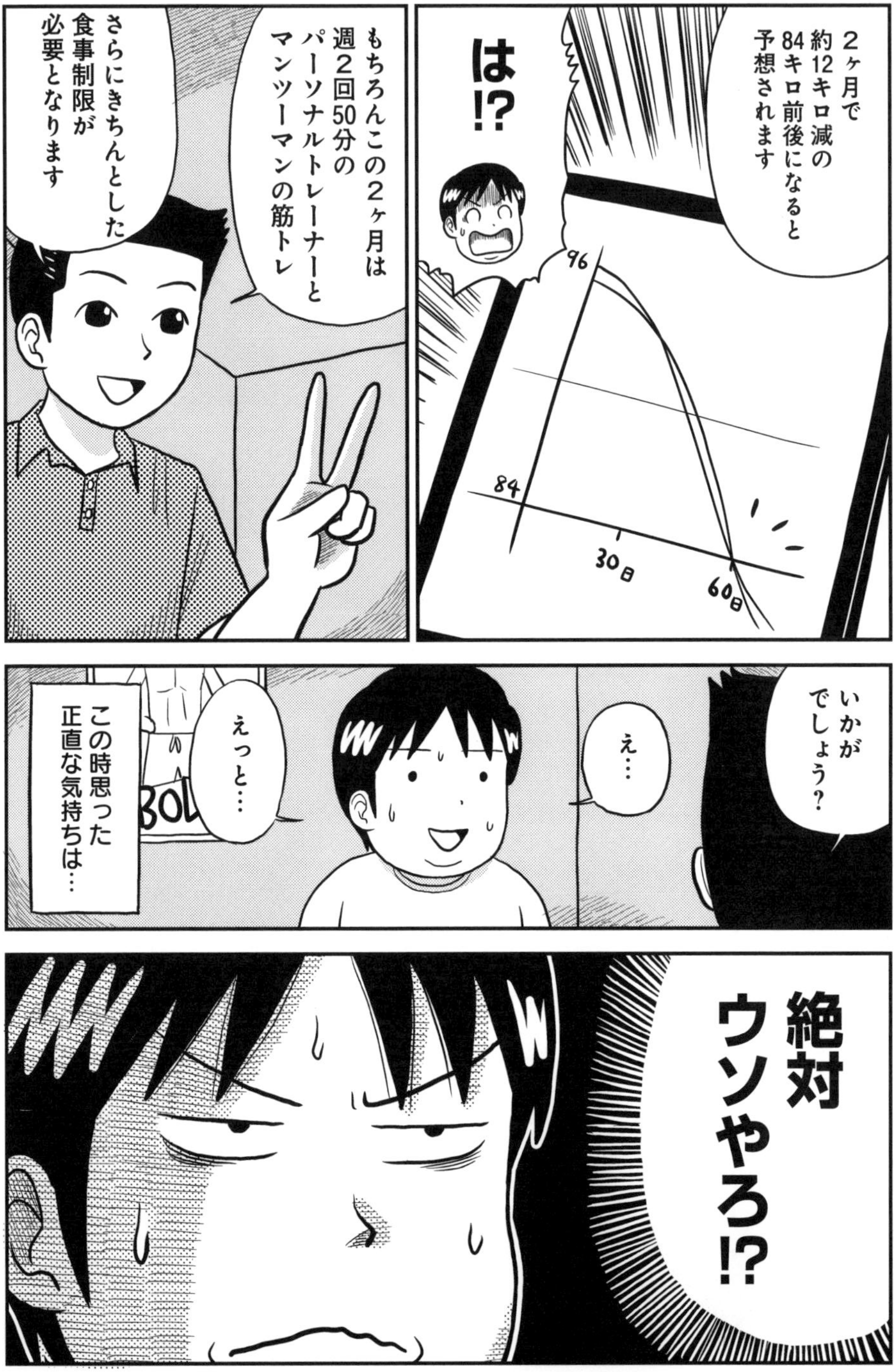
2ヶ月で
約12キロ減の
84キロ前後になると
予想されます
は!?
96
84
30日
60日
もちろんこの2ヶ月は
週2回50分の
パーソナルトレーナーと
マンツーマンの筋トレ
さらにきちんとした
食事制限が
必要となります
いかがでしょう？
え…
えっと…
この時思った
正直な気持ちは…
絶対ウソやろ!?

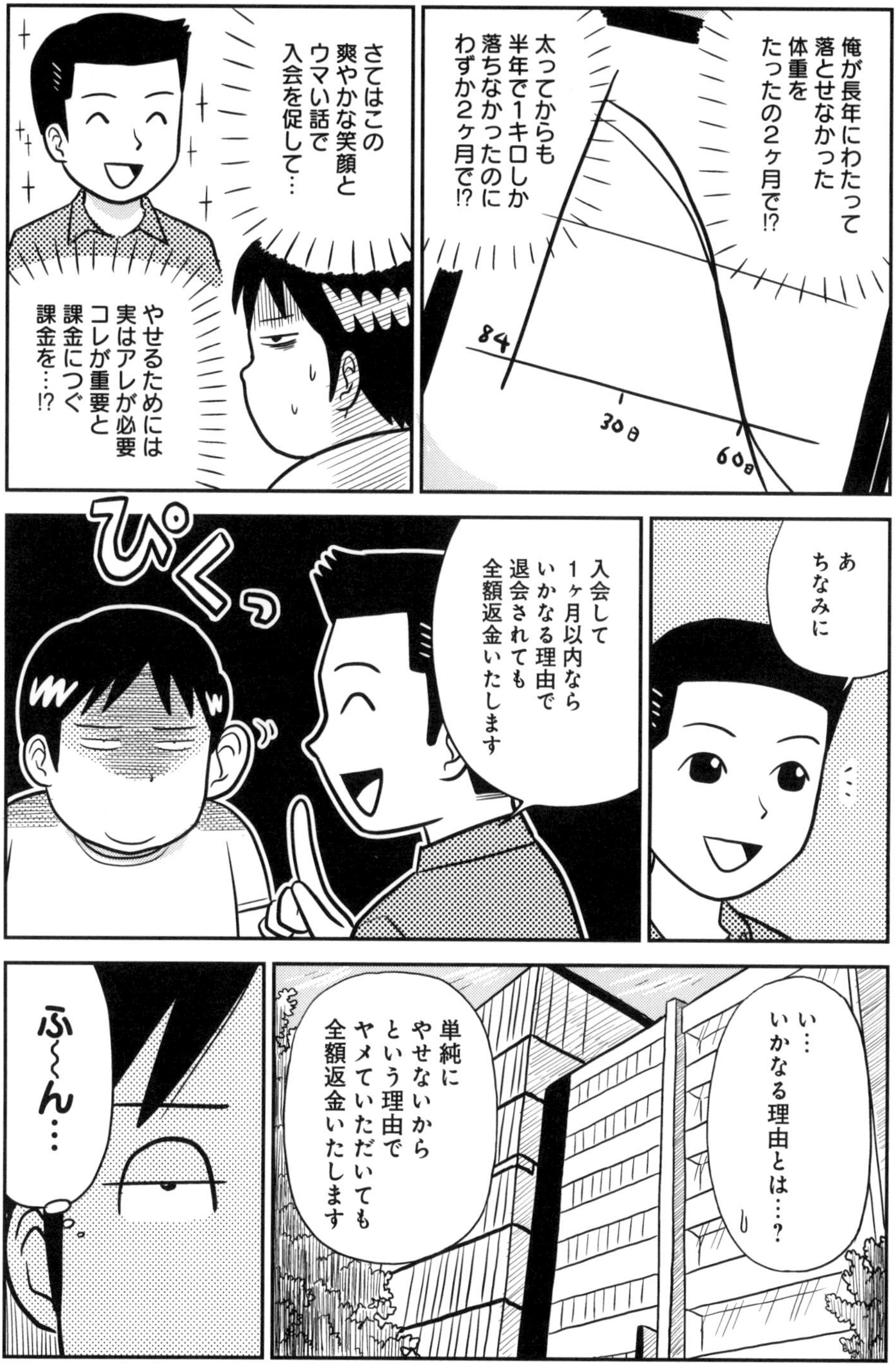
俺が長年にわたって落とせなかった体重をたったの２ヶ月で⁉
太ってからも半年で１キロしか落ちなかったのにわずか２ヶ月で⁉
84
30日
60日
さてはこの爽やかな笑顔とウマい話で入会を促して…
やせるためには実はアレが必要コレが重要と課金につぐ課金を…⁉
あちなみに
…
入会して１ヶ月以内ならいかなる理由で退会されても全額返金いたします
ぴくっ
い…いかなる理由とは…？
単純にやせないからという理由でヤメていただいても全額返金いたします
ふ〜ん…

そんじゃあ入会しま〜す!!
ハンコぽち――っ!!
ありがとうございま〜す!!
ぐえへへへへへへへ
それでアッサリ入会してきたん?
うんだってさ〜
俺がめっちゃやせにくい体質だってのは知ってるよね?
半年でたったの1キロ減!!
だから?
ジムの言う通りにやってもせいぜい1ヶ月で3キロ減くらいだと思うワケよ
ムリムリ
せやから?

だから1ヶ月で 3キロ減程度なら キッパリヤメてやる!!
これは 俺とジムとの 全面戦争だーっ!!!
めざせ 全額返金!!
……アンタ やせたいの やせたくないの どっちやねん?
そ…そりゃ やせたい ですよ…
その夜
シュワァァァァ…
ダイエット 始まったら 糖質の高いビールは ダメって言ってたな〜
ああ… 明日からしばらく 大好きなこの味とも お別れか…

そうだ…!!
カシャッ
カシャッ
カシャ
…ん?
なにしとん?
え?
しばらくビール
飲めないと
思ってさ〜
ふふふ
ビール画像
スマホに保存して
時々眺めようかなって
アンタやっぱ
やせる気
ないやろ
そもそも
そんな画像見たら
逆に飲みたく
なるやんけ!!
はぁ
はっ…
確かに!!
それに
やせたいなら
今日から
飲まなきゃ
いいやんけ!!
では
かわりに
ウチが
あーっ
最後の晩餐
なのに…
ヤメテーッ!!
いよいよ明日から
ダイエットスタートです

と…とにかく今日からダイエットだ!!
くわっ
やせるぞ!!

ていうかさ
「ムキムキ」には
なりたくないんだ
よね～
という言い訳で
運動を全くせず
「ムチムチ」になる
ムチ
ムチ

あの頃
欲望のままに
生きていた①

パパーン
パーソナルトレーナーの月野です!!
これから2ヶ月頑張っていきましょう!!
は…はい よろしくお願いします
ズバーン
ではまず上半身ハダカになってください!!
えっ!!?
なぜっ!?
その4
肉を食べてもいいなら糖質制限食なんか楽勝じゃん!
ビフォーアフター確認用の撮影です!!
カシャッ
カシャ
ハイ おなかひっこめないでー
シャ
ああ…今わたし男同士とはいえ結構な辱《はずかし》めを受けてます…

もうこの身体には2度と戻らないので安心してください!!
ホントかなぁ…
ではトレーニングを始める前に
日々の食事の摂り方についてご説明します
食事は三大栄養素のうちの炭水化物(糖質)は控えタンパク質はしっかり脂質は適度に摂るといういわゆる「糖質制限食」にしてください
ご飯やパンや麺類などの主食を抜く食べ方ですね
ずっとテンション高いな…
糖質を摂取すると血糖値が上がりますそれを抑えるために体内で「インスリン」が分泌されます
そのインスリンが血液中の余った糖分を脂肪に引き込むので脂肪が増えていきます
ぱく
もぐ
血糖値上昇!!
インスリン
どーん
脂肪
おいでー
血液
糖
あら
糖質の摂取量を減らすと身体は中性脂肪や体脂肪を分解してエネルギー源を作り始めます
とってもざっくり言ってます!!
なるほどそれで脂肪が減ってやせるというメカニズムなんですね

…って知ってるよ!!
やせようと思いそっち関係のことはすでに勉強済み!!
フフフ…
でも実践もしたけどそこまでやせなかったんだけどなあ…
う～ん
食べたものを専用のアプリに入力すると
市川さんの体型から計算して一日の糖質は50gタンパク質は150g脂質は130gまでの摂取を厳守してください
それらの数値が全て表示されますので
食べないほうがよいもの（糖質の高い食品）
ラーメン食べれないのツライ…
ごはん・パン・麺類
小麦を使った食品
銀杏、栗
イモや根菜類など
果物類
春雨も野菜ジュースも意外と糖質が高いんだって!!
市販の野菜ジュース
春雨・くず
練り製品
スナック・お菓子
食べてもよいもの（糖質の低い食品）
肉や魚を食べれるのはうれしい!!
肉類
魚介類
イモや根菜類以外の野菜
タマゴ
キノコ類
チーズ
海藻類
キノコもチーズも大好物♡
案外余裕かも？
大豆加工食品
コンニャク しらたき

しかし肉を食べてもいいのはだいぶ気持ちがラクだな〜
お肉大好き〜♪
いいですけどロースやヒレなどの脂身が少ない部位にしてくださいね
そして1食の量は多くても300g程度に抑えてください
肉300gまでタンパク質約50gなので
ほ…ほお…
今まで調子いい時脂身の多い肉500gくらい食べてたからそれがやせなかった原因…?
まあでも肉も魚も卵もチーズも食べれて
肉料理とハイボール
お刺身と焼酎
糖質の低い焼酎やウイスキー飲めるんだったらわりと余裕かもな〜
あお酒ダメです
えーっ!!?
アルコールは脂肪の分解を妨げるので
糖質の低いお酒も飲まないほうがベターです!!
パパーン

だ…断酒!?
おおおおお
1年のうちで休肝日が数えるほどしかない自分にとってこれが一番つらい…!!!
さ…酒…
はい ではトレーニング始めましょう!!
だんしゅ…
まずはスクワットです
その20キロのバーベルを肩に担いでみてください
だんしゅ…
ひょいっ
あれっ 軽い…?
このままスクワット10回いきましょう
深くしゃがむことを意識して
え? たったの10回?
いーち
にー
なーんだ 筋トレも思ってたよりも楽勝じゃ〜ん!!
更衣室

ゴーーーーン。。。
ハー
ハー
シ…シラナカッタ…
ス…スクワットがこんなにキツいものだったなんて…
プルプル…
あれからバーベルの重さを40キロに増やして10回スクワット
それをわずか3セットやっただけなのに…
ハー
ハー
ガチで1時間ピクリとも動けませんでした
しんだ…

はじめての筋トレ後
ス…スクワットで足が…
フラフラの状態で街を歩いていたら
フラフラ…
……ん?
オーバーサイズTシャツ売れてます! 1980円
オーバーサイズTシャツ…
いいね!! これをダラッと着こなせば太った体型も目立たないじゃん!!
2〜3着買っちゃおう
ダラッ
ん? 新しいTシャツ買ったん?
ぴたっ
着たらピッタリサイズだった…
その5
糖質制限・冷やし中華で勝ったも同然!

…ところで
今日から
例の糖質制限食に
すんの？
そ…
そうそう!!
そう思って
さっきスーパーで
いいもの
買ってきたんだよね〜
じゃーん!!
糖質ゼロの
コンニャク麺!!
糖質ゼロ
カロリーもほぼなし!
のどごし
なめらか
糖質0g
コンニャク麺
コンニャク麺…
これを
普通の麺の代わりに
使って料理してみようと
思ってね
まずは
糖質の低い
キュウリ
オクラ
大葉を刻むっ!!
ダダダダダダ
そして
これまた糖質の低い
ゆでた鶏むね肉と
納豆を用意!!
納豆は
混ぜておく
鶏むね肉は
ほぐして
おく
それらを
コンニャク麺の
上にのせ…
オリーブオイル
醤油 塩
レモン汁を混ぜた
タレをかければ…
オリーブ
塩

キラーーーン
あっという間に糖質制限冷やし中華の出来上がり〜〜!!
めんつゆ使ったほうがラクなんちゃう?
めんつゆは少し糖質高めだから念のため…ね
いただきま〜す…
ずずっ…
んんっ!?
確かに麺はコンニャク風味だけど…
それ以外は全く違和感なくレモン汁が全体の具とほどよく絡むあるのは心地よい清涼感!!
いや〜コレ全然アリだわミーちゃんも食べなよ!!
え?

ウチは
やせる必要ないし
上の具だけもらって
普通の中華麺に
めんつゆかけて
食べるわ
ズルズル
ズーー
んでビールも
飲むわ
ああ
美味しい
美味しい
ふおっ…!!
め…目の前で
食べられる苦行は
想定外っ…!!
ま…まあでも
こんなに
美味しいなら…
毎日この
コンニャク麺でも
イケそうだな〜
♪
こちらは
ノンアルコール
ビール
フリー
フリー
次の日
今日は
コンニャク麺で
醤油ラーメンを
作ってみましたっ!!
ふわ〜っ
ず
ず
ず…
ず…
ご…
ごちそうさま…
全然
食べた気
しねぇ…
ず
ず
ず
カップ麺
うんまっ!!
コンニャク麺
光の速さで
飽きました

ダイエットを始めて数日後
ぢび…
ぢびび…
ぢび
ノンアルコールBビール
ノンアルコールビール…
飽きた…
その6
さ…酒飲みてぇ…!!!
俺の身体の全細胞が甘みを欲している!
ぷはっ
安定の目の前で遠慮なく飲む人
BEER
最初は
カロリーゼロ!!
ビールと同じのどごし!!
味も近いし全然イケる〜!!
しかし
カロリーゼロ…
糖質ゼロ…
酔えるワケでもなく…
すぐに訪れたコレジャナイ感…
ワシは一体何を飲んどんのや…

その原因は
やはり…
糖質制限食…!!
今夜のメニューはポークソテー(塩)と
ゆでブロッコリーにマヨネーズ
酒を飲んでた時は
酒で結構な糖質を
摂ってたせいか
甘いものはほとんど
食べなかったのだが
パフェ食わへんの?
いらね
断酒しているせいで
常に頭の中にあるのは…
甘味…
かんみ…
あまみ…
ぽけ―…
とにかく俺の身体が
全身の細胞が
「甘み」を欲している…!!
ハァ
ハァ
ハァ
ハァ
にゃはは
食後のチョコ
うま〜
で 安定の(以下同)

そんな食生活の中唯一の楽しみは…
筋肉がつきやすくなるようにとトレーナーさんに飲むことを勧められた
スプーン3杯
水300ml
シャカ
シャカ
プロテイン
シャカ
シャカ
プロテイン
V
ゴキュ
パアアアアア
甘《あ》んめ〜〜!!
キラ
キラ
昔のプロテインのイメージは「マズくて飲みにくい」だったと思うが
めっちゃウマいよ!! 飲む!?
いらね
でしょーね!!
最近は飲みやすいよう甘く美味しく味も様々な種類が発売されている
企業努力に頭が下がるねぇ

ちなみに
個人的に
一番好きな味は
ココア味
なんじゃそら
このトシでアイスココアにハマるなんてねー♡
♪
とはいえ
プロテインは飲みすぎると
タンパク質過多になるので
プロテイン
V
ココア味
NO!
一日一杯
プロテイン
せいぜい一日
1〜2杯が限度
おおお…
そのためにどうしても
慢性的な甘み不足に
なってしまう…
14:30
この店の
おススメ
スイーツは…
ブチーーン
ぬあああっ
消せ消せっ!!!
え〜
観とったのに〜
ケーキ
食べながら
観てんじゃ
ないよっ!!
オイ!!
果たして
この無甘味地獄…
ううう…
どう抜け出す?

その7
糖質制限は最初の2週間が大事すぎる!
糖質制限は最初の2週間が大事ですっ!!
ハイッ
ハイッ
フン
フン
…とトレーナーの月野氏は言う
2週間もたてば慣れてくると思いますっ!!
慣れるかねえ?
個人差もありますが糖質制限食を2週間くらい続けると身体の中の糖がなくなってきます
2weeks…
糖
糖
糖
わー…
すると枯渇した糖の代わりにエネルギーとなるケトン体という物質が身体の中で生まれます
ケ
どうもケトン体ですっ!!

このケトン体は中性脂肪を分解して作られるので結果やせていくのです
ほほう
この状態を「ケトジェニック状態」と言います
フォ…フォトジェニックじゃなくて？
ウソみてーな名前だな…
ただし!!
ケトジェニック状態になる前に糖質を過剰に摂ってしまうと…
もう1週間も糖質制限したし
ちょっとくらい食べても大丈夫でしょ
ごはん半膳
全てがリセットされまたそこから2週間かかってしまうのですっ!!
ひえええ頑張ったのが水の泡!!
だから気を付けてくださいねっ!!
…あんなこと言われたら甘いのも炭水化物も食べれないよなあ…

えーと 鶏むね肉 冷凍ブロッコリー タマゴにチーズ…
ブロッコ
さて 今夜の食材も 買ったし…
あとは ノンアルコール ビールを…
はあ…
ん？
ノンアルコール…
ノンアルコール カクテル
グレープフルーツ
カクテルか…
酒飲んでた時は カクテル自体 甘くて敬遠してたけど…
試しに 買ってみっか
カロリーゼロ…
すると
う… うんまっ!!
ほどよい甘さと のどごし爽快な シュワシュワ感っ!!

あ…でも 人工甘味料が 入ってるのか
こういうのって ダイエットに影響 出たりしないのかな…？
気になるよね…
問題ありません!! じゃんじゃん飲んでください!!
ぐび ぐび
ぐび ぐび
じゃんじゃん 飲みますっ!!
こうして ノンアルコールカクテルとの出会いが 僕のダイエット生活を劇的に変えた!!
昼でも!!
私の おススメの スイーツは…
ぐび ぐび
はいどーぞ!! こっちは これ飲みます から!!
夜でも!!
ぐびっ
く〜〜っ!!
この甘みと のどごしが 一日の疲れを 癒すっ!!
値段も ノンアルコールビールより安く 種類も豊富だったので飽きず
ソルティドッグ
レモン
サワー
うめ
なし
スーパーで 100円ちょい
お酒が飲みたい欲求と 甘いものが食べたい欲求を 同時に満たしてくれたのだ
時には 朝から!!
ごくっ
ぐび ぐび
ただ種類によっては 糖質が高めな商品も あるので 成分表は要チェック
100ml あたり
エネルギー 0kcal
たんぱく質 0g
脂質 0g
炭水化物 0.3〜0.8g
糖質 0g
糖質（または炭水化物）の 少ない商品を チョイスしましょう!!

超カンタン
3ステップ
糖質オフレシピ その1
①サバの水煮缶の汁を捨て軽くほぐしてお皿に
②ラップをしてレンジで1分〜1分半あたためる
ピーーッ
③オリーブオイルと塩、刻んだネギをかければできあがり
サバの塩オリーブオイル和え
お酒にも合うと思う!!
ダイエット中は酒飲まん方がええんやろ

家でひとりで
記憶なくなるほど
酒を飲んで
床で寝る

あの頃
欲望のままに
生きていた②

自分は本来「ええ格好しい」である
620円になります
ありがとうございました
その8
ふう
デブのくせに"ええ格好しい"は吉と出るか、凶と出るか？
ボコン
女性店員の前では必ずハラをひっこめる…
でもこの「ええ格好しい」が今回のダイエットには幸いした
カシャ

何やっとんの？
何を食べたか写真に撮ってんの
食事の写真を撮影してジムの専用アプリにアップすんの
ピッ
ピッ
アップしてどーすんの？
このアプリでおおよその栄養素やカロリーが分かるからそれも一緒に記録すんの
○月×日昼
牛肩ロース……
キャベツ千切り……
そしたらトレーナーさんがチェックしてコメントが届くの
毎食やんの？
毎食やんの
くっそめんどくさっ!!!
ゴローン
まあキミみたいなタイプには無理かもねぇ…
デコリン♪
あっちょうど今昨日の食事についてのコメントが届いたよ

評価最高の星5つ!!
「本日の食事メニュー素晴らしいバランスです」
「タンパク質と脂質もしっかり摂れて糖質は50g以下!!この調子で頑張りましょう!!」
イイですねっ!!
だってさ!!
ふーん…まあええ格好しぃのアンタにはピッタリのシステムかもね
このトレーナーからの評価を落としたくない!!
トレーナーに真面目にダイエットに取り組んでる人に見られたい!!
トレーナーに格好悪いところ見せたくない!!
そんな考えのおかげで食べ物の誘惑の抑止力になった
ダイエットジムとかに行っとらん人はSNSとかに食事をアップして人の目を気にするんもええかもね
あ それいいかも!!

でもさあ
ほんまは食べたのに食べてへんことにして写真アップせんかったらバレへんちゃうの？
どこぞの芸人さんみたいに…
そ…それがさあ…
過去にもそういう人がいたらしく…
フム…食事と運動量問題ナシ…
しかし体重が落ちてない…
95.2kg
山田さん…
ギクッ
アナタ嘘をついてますね!!!
ドーン
ひいい
ごめんなさいいい
すぐ分かるので絶対バレるらしいよ
こわいね
なんだか名探偵と犯人みたいなやりとりやな…

ダイエットしてるのを他人にも公開することでより気合いが入ると思った「ええ格好しい」の自分は
よし今日からツイッターでダイエット生活のことをつぶやこう!!
ピ
市川ヒロシ@ichikaw
ただいまダイエット中!
ジムにも通いはじめました
がんばるぞ〜
デコリン♪
○○○○○ @XXXXX
返信先:@ichikawahi
がんばってください!
応援してますよ〜!
その9
ツイッターでダイエットネタつぶやくのをやめたワケ
このような好意的なリプライが届く中…
ん?
デコリン♪
どしたん?

[redacted] @XXXXXXXX・1分
返信先:@ichikawahiroshi
私はジムに行かずお金を使わずヤセましたけどねwww
……はあ?
あれ?今イラっとしたんちゃう?
べ…別にっ!!こんなことくらいでイラっとするワケないじゃん!!
他にも
中性脂肪を減らす効果があると言われているバターコーヒー!!
パシャッ
ピゴ
市川ヒロシ@ichikaw
朝食の後はバターコーヒー
△△△△△ @XXXXXXX・25分
返信先:@ichikawahiroshi
ちょwwwバターコーヒーって朝食前に飲まないとwww
デコリン♪

「朝食も食べて
バターコーヒーまで飲むと
余分なカロリーを
摂取するだけですよw」
………
絶対イラっと
しとるね？
してません!!
教えてくれて
ありがとうの
気持ちしかないっ!!
ピッ
市川ヒロシ@ichikawa
夕食のサラダです^^
デコリン♪
ーーーーーー @XXXXX
返信先:@ichikawahiro
トマトって糖質高いのに
…笑 いいんすか〜？
確実に
イラっと…
してないってば!!
みんな親切だなあ!!
ピッ
市川ヒロシ@ichikawah
今日でダイエット5日目。
昨日の筋トレで全身筋肉痛
ヤセるのって大変だ〜^^
▲▲▲▲▲ @XXXXXXX・2分
返信先:@ichikawahiroshi
そりゃ カンタンにはヤセないでしょ 笑
僕の場合半年間で10キロヤセましたが
うんたらかんたらどーのこーのやいやい
デコリン♪

うるさいんじゃ゙あ゙あ゙あ゙!!
やっぱりイラっとしとった…
ブチーッ
つぶやいて気付いた
ダイエットに関してのツイートには
マウント取りたがり人間が多数群がることを!!
僕の場合は
アタシは
これで
オレは
自分がやせたという自慢をしたい気持ちも分かるのだが…
こっちは好きでやってんだほっといてくれよおおお!!
というワケでダイエットネタは3日でつぶやくのをやめた
もういいんだオレは一人でがんばる…
メンタル弱すぎちゃう?

今日は週2回のジムで筋トレの日
ふむふむ市川さんの昨日の食事内容ですけど…
トレーナー月野氏
その10
食事量の割合は「朝3昼5夜2」て、無理だろ!
朝は焼き魚とサラダとゆでタマゴ
昼は牛ロースステーキ３００ｇとブロッコリー
夜は葉野菜の炒め物とゆでた鶏むね肉２００ｇにワカメのみそ汁
いや〜我ながら頑張ってるなーと思ってますよ〜
糖質控えながらバランスの取れたメニューを考えるのも結構楽しくて
ま…確かにバランスはいいんですけど…
え?

バーーン
これだと夜食べすぎですね!!
ええっ!? こ…これで!?
一日の総カロリー量は2000以内なので問題ないのですが…
シュワッ
食事量の割合は朝3昼5夜2くらいがおススメですっ!!
よ…夜2!?
夜2となると…
このゆでた鶏むね肉を朝に持ってくるくらいがちょうどいいかもしれませんね
Morning!
ゴーーーン…
野菜炒めとみそ汁のみ…
そ…それだと夜がショボすぎやしませんか…
でも…
いいですよーそのまま続けて〜
ふんっふんっ
この食事配分俺みたいな職業ならなんとか出来るけど…
42歳サラリーマンダイエットはじめました!!

よーし
今日の夕飯は
コンビニでサラダチキンと野菜スティックを買って帰ろう!!
市川くん どうかね 今夜一杯
くいっ
ぶ…部長 すみませ〜ん 今日は用事が…
市川さ〜ん 今からみんなで中華食べに行くんですけど〜
ご…ごめんっ 今日は無理なんだっ!!
あ〜お酒に中華… いいなあ…
スタスタ
スタスタ
スタスタ
いやいや ダメダメっ 何考えてんだっ!!
スタスタ
今はダイエット中 コンビニ寄ってまっすぐ帰るぞ!!
スタスタ
サラダチキンと野菜スティック!! サラダチキンと野菜スティック!! サラダチキンと…
しかし
駅まで延々と続く魅惑の欲望ロード!!
うあああああああ
とんかつ
ビール 生 冷えてます
寿司
ラーメン
ハッピーアワ〜! 290円
串 やきとり
正直 相当キツい だろーな…

そんなワケで
この日の夕食
ちみっ…
タマネギとレタスのサラダ
もやしとキノコの炒め物
ふぇ？ そんだけで ええの？
いいんだ… 明日の朝と昼に 全力を注ぐんだ…
ふーん
ぱくぱく
むしゃむしゃ
グビグビ
ビール
からあげ
カレー
……………
あのさ 前から思ってたんだけど…
なんでキミは そんなに夜 モリモリ食べて 太らないの？
えー？ そりゃあ だって…
あむっ
ウチ 朝0昼0夜10の 食事配分やもん
夕食後のお菓子やデザートも入れて10やで
夜10!?
ぷはっ
確かに一日一食で 太らない人も たくさんいるから ダイエットは 奥が深い…
起きてても ハラ減るから 寝よう…
俺とは 次元が違う タイプだわ…

MCTオイル
天然のココナッツなどから中鎖脂肪酸のみを取り出した食用油
摂取しても脂肪として体内に蓄積されにくい
MCT
ダイエットに非常に効果的です!!
…ってトレーナーさんが言うからネットで買ってみた
3本で6000円
たっか!!!
いやいやきっと値段なりの価値があるんだよ
コーヒーに入れて飲んでみる
味が劇的に変化して美味しく食べてやせれるみたいな…
ズズズ…
その 11
ダイエット開始1週間、魔法のオイルと出会った!?
な…何の味の変化もねえ…
あれ?ホントに入れたっけ?
3本6000円…

で…でもさ 糖質制限やってる人の エネルギー補給に なるだけじゃなく
サラダに かけたり プロテインに 混ぜたり…
あと 集中力が アップ するとか
油だから 摂取すると 満足感もあって お腹も減りにくく なるらしいよ!!
他にも 便秘にも 効く とか…
ふ〜〜〜〜〜ん
ところでさあ 肝心な体重は 減っとんの?
え?
実は…
全然 量ってないのです!!
はあ?
ご存じの通り 通ってるジムは 開始から1ヶ月までなら 支払ったお金が 全額戻ってくる システム…!!
なのでとりあえず その半分の2週間…
黙って トレーナーの 指示通りに 従って みる…
そしていざ体重を 量った時に大して 減ってなかったら…
申し訳なさも 後ろめたさも感じず 堂々と退会 できるってワケなのだ!!
全額返金!!

そういうワケなんでそこんとこヨロシク!!
か…勝手にやりーや…
だって自己流だけどダイエットやって半年で1キロしかやせなかった俺が…
やっぱそんなに簡単にやせれるとは思えないんだよなあ…
そんなダイエット生活も1週間が過ぎようとしていた
7…
ただスタートしたばかりの頃は
ダイエット中はきっと食事しか楽しみがないはず!!
よ〜し!! いろんな糖質制限メニュー作っちゃうぞ〜〜
…と意気込んでいたのだがかつての食事の写真をSNSマウント事件によりアップしなくなり
@ichikawahir
そもそも糖質制限というモノがどれほど効果があるのでしょうか? 私の場合はバランスよく食べて適度な運動を
うるせぇマジなんなんだこの人
…なーんか人に見せなくなったら頑張って料理する気もなくなってきたなー
ぽけー
ジムの筋トレ以外はとくに運動してない
そこで作り始めたのが
鶏むね肉

①皮を取った
鶏むね肉300gを
半分に切る
で1つ150g
②ラップで包んだ
上からアルミホイルで
包む
③鍋でお湯を沸かし
沸騰したら火を切る
④その中へ②を入れ
フタをして約2時間
火は切る
⑤食べやすいサイズに
切れば…
超ヘルシー
鶏ハムの完成!
うん
サッパリして
食べやすい
容器に入れて
保存も利くし
ラクでいいや
味つけは
塩のみ
…と最初は
小腹がすいた時用の
オヤツ感覚で
作っていたのだが
冷蔵庫で
2~3日はもちます!!
チュン
チュン
え~!?
またその鶏ハム
食べとんの?
え?
うん
4日連続で
その朝食やない?
よう
飽きへんなあ
モグ
モグ
いや…
それがさ…

逆に毎朝これを食べないと落ち着かなくなってきたんだよねっ!!
これぞまさにルーティーン!!
………
それに例のMCTオイル!!
この鶏ハムに塩と一緒にかけると…
素材の味がより引き立って美味しくなるんだよねっ!!
最高
この前全然味せえへんて言うてたやんっ!!
それに最近お腹が減りにくくなってきた気がする!!
あと集中力もアップした気がするし便秘も…
それも全部オイル買った時言ってた受け売り情報やん…
ぱくぱくぱく
糖質制限ダイエットって暗示にかかりやすいタイプのほうが向いてるんちゃうかな…
ごちそうさま!!
今日も一日がんばるぞー
まとりあえず2週間はこの調子でええか

気のむくままにガッツリ系のラーメンを食べると
連日ラーメンのことばかり考えるようになってしまい
ハァ
ハァ
気づけばまた行列に並んでいる……
ラーメンデカ郎
あの頃欲望のままに生きていた③

ダイエット生活11日目
ここ最近は朝昼晩
ほぼ固定されたメニューを
食べるようになってきた
朝3
鶏ハム
(MCTオイルかけ)
ブロッコリー、レンチンタマゴ
わかめのみそ汁
昼5
牛ロースステーキ300g
(又はポークソテー300g)
サラダ＋ノンオイルドレッシング
夜2
野菜炒め(又は焼魚)
海藻サラダ
その他
甘味が欲しい時はノンアルコールカクテル
小腹が減ったらミックスナッツ(無塩)あたりめなどを
あたりめ
ミックスナッツ
しかし
その夜くらいから
ん？
食べへんの？
いや…
それがさ…
全然お腹減ってないんだよね…
その12
朝昼晩、
同じメニューだと
食欲も
失せてくるよ……
ほお…

ほんなら無理に食べんでもええんちゃう？
そ…そうだよね？
先日購入したMCTオイルのおかげか実際に胃が小さくなったのかは分からないが
わかめサラダと
ノンアルコールカクテルだけでいいや
この頃からお腹が減らなく…というより食べることへの興味が少し薄れてきた
筋トレ日
そんなワケで最近あんまり食べてないんですよ
でもこれって確実に体重減に効果ありますよね～
ふーむ…
市川さん…
お言葉を返すようですが…
もっときちんと食べてください
ええっ!?

ここ数日の栄養バランスを見るとタンパク質が足りてません!!
タンパク質は筋肉を作るために重要な栄養素です!!
ずいっ
とりあえず晩ごはんはサラダの他に納豆2パック食べてください!!
さっ
筋トレはじめましょう
ふ…2パック!!?
そしてその夜
はあーー…
朝と昼はいつものメニュー…
さらに筋トレしたせいで疲れて余計にお腹が減ってない…
ほい
食べるんやろ?納豆2パック
ほ…ほい…
ぎちょ
ぎちょ
ぎちょ
ぎちょ
ぎちょ
ぎちょ

ぎちょ
ぎちょ
ぎちょ
ぎちょ
はよ食べんかいっ!!
ぎちょ
わかったよ食べるよ!!
食べりゃいいんでしょ!!
はい よく食べました〜
う〜〜〜ん…
く…くるしい…
ハー
ハー
ま…まさか ダイエットで…
食べすぎの感覚になるなんて夢にも思わなかったなあ…
明日の夜の納豆もコワイ…
さて こんな生活を続けて そろそろ節目の2週間 果たして体重はどうなっているのだろうか!?
ぎちょ ぎちょ
次回 ついに体重公開やで

ダイエットを始めて ちょうど2週間
牛丼家
では 体重計に 乗ってください
ドキ ドキ ドキ
そっ…
その13
ダイエット開始2週間、ついに初の体重測定を!
えっ!? 91.7キロ!?
91.7
マ…マイナス 4.3キロ!?
さ…最初は どうせ1ヶ月で 2~3キロしか 落ちないだろうと ナメてたのに…
マジか!?
マジだな…
た…たった2週間で ここまで落ちたとは…
ま 想定内ですね
サラッ
う… なぜか妙に くやしい…

データを見ても体重は落ちているのに筋肉量はむしろ増えてます!!
理想的なやせ方が出来てますねっ!!
体脂肪もちゃんと減ってます
これもすべて市川さんの頑張りの成果ですよ!!
い…いやあそんなこと…
ではこのままのペースでいくとしてあと2週間で4キロつまり1ヶ月で8キロ減いきましょう!!
は…8キロ!?
そ…それはさすがに無理な気が…
そしてその日の筋トレ終わり
ふいー
腹筋いてて…
ジムの受付で
あっ市川さん!!
お久しぶりです無料カウンセリング以来ですね…
市川さん…
なんだか顔がほっそりしてきましたね!!

えっ!?
そ…そう
ですかっ!?
はい!! 最初に
お会いした時より
明らかに!!
あら
ホントですね～
ぞろ
ぞろ
肩のラインも
シュッとして
きましたよ!!
う…
嬉しい…!!
やせたのを
人に認められるのって
こんなにも
嬉しいものなのか…!!
腕にも筋トレの
効果が見られますね
もっと
ホメて!!
後ろ姿も
全然違いますよ
もっと
もっと!!
このままいけば
もっと素敵に
なりますよ
ああ～
あざっす～!!

僕はこの素晴らしいジムで…
ドーン
ではまた次回!!
最後までヤメずに頑張りたいと思いますっ!!!
くるっ
くるっ
窓ガラスに映る自分の姿も前より細い気がする…
ふふふ…
…ってワケで退会せずにやり抜くことに決めたよ!!
しかし4.3キロも落ちたってのは相当スゴいよね~
う~ん…
でもさあ…

まだ普通に90キロ台やろ?
普通にデブやで?
ぐはっ
た…確かに…
目標はまだまだはるか遠いじゃないか…
84kg
おおお…
ジムの人たちはダイエットのプロでもあるが「褒めのスキル」もプロなのかも…
ちょ…調子に乗らないようにしなくては…
そうです私はまだまだデブでした…
おまけ
ダイエットを始める前は
な…なんと2週間で8キロ減に成功!!
ネットのこの類の広告を
食事制限なし!!運動なし!!飲むだけでOK!!
減
スーパー減サプリ
へえ…ホントなのかねえ…
13800円か…
10%くらいは信用してたのだが
現在は
ぜひお試しください!!
スーパー減サプリ
ぜっっってえウソ!!!
食事制限と運動ナシでヤセるなんてあり得ない!!

超カンタン
3ステップ
糖質オフレシピ その2
①あぶらあげの
口を切り
中にピザ用チーズ
ベーコンを入れる
②オーブンまたは
グリルで両面が
キツネ色に
なるまで焼く
③お皿に移し
ケチャップを
かければできあがり
ピザ風あぶらあげ
ケチャップは
糖質高めなので
かけすぎ注意!!
気になる人は
マヨネーズかけても
ええかもな

その14
やせたいけど ムキムキマッチョに なりたいわけじゃ ないし!
とある筋トレ日
はーち…
きゅーう…
はいラスト じゅーう!!
…………
あれ?
どうしました?
いや…最初は スクワットやると 立てなくなるほど 疲れてたのになあと 思って…
あ〜!! スクワット あるあるですね!!
ス…スクワット あるある?
個人差も ありますが
多くの人は 最初出来なかった自分が 嘘みたいだと笑いますね

でも
特に市川さんは
筋トレセンスが
ありますっ!!
あ…ども…
これも
褒めのスキル
かな…?
今はまだ
バーベルの重さは
50キロですが
もっと上
イケると
思ってます!!
い…いやあ
それは…
筋トレ…
興味あり
ますか?
ギンッ
え…?
な…なんか
今日はいつにも増して
目がバッキバキな気が…
これ
見てくださいっ!!
は?
え…?
こ…これは…
か…軽く
逆光で演出…?
私の広背筋
脊柱起立筋
および僧帽筋
ですっ!!
カッコよく
撮れてる
でしょう!!
せ…背中とは
言わないんだな

実は来週末 ボディビルの 大会があるんです!!
今はその 最終調整の 段階でしてっ!!
なるほど… それで目が…
まあ 気持ちは 分かるのだが…
なぜ この閉ざされた 空間の中 男2人きりで
相手の男の裸の写真を 見させられて いるんだろうか…
す…すごい ですね〜 でもこれって 食事とかも 気をつけるん ですか?
やはり僕みたいな 糖質制限を…
一応 話を聞いて あげよう…
興味 ありますかっ!?
ギンッ
い!?
見てください!! これが私の 食事メニューです!!
少々お待ちをっ!!

ゆでたほうれん草
唯一の糖質カボチャの煮物
焼いた鶏ささみ100g
※味つけは塩のみ
この食事を1日4食半年以上続けてます!!
は…半年もっ!?
そして塩のみだった味つけもここ最近はなし!!
さらに身体をキツめの筋トレでイジメます!!
10kg
で…でも今からめちゃくちゃ楽しみなのが…
ふふふふふ…
た…楽しみなのが…?
大会の前日!!
お餅を思いっきり食べることですっ!!
も…餅!? そ…そんな炭水化物の塊なんて食べてもいいんですか!?
いいんですっ!!
ギリギリまで絞った身体に一気に炭水化物を入れることで筋肉がパンパンに膨れ上がり…
ぐっ

大会当日
カンペキなボディに
なるのです!!
バッキィーン
ばっ
どうです
市川さん!!
興味
ありますか!?
ぜ…
全然
ありません…
や…
やせタイ人間だけど…
あ
なんか少し
さみしそう…?
ムキムキの
マッチョに
なりたいんじゃ
ないんだよね…
そう
ですか…
しかしあそこまで
ストイックに
出来る人こそが
ジムのトレーナーに
なれるんだなあと
感心しました
プロの凄さを
感じたよ…
ふーん

ダイエットこぼれ話①

いいですか…絶対にマネしないでくださいよ…
は？
実は今週末急きょボディメイクの大会に出場することになり調整してるのですが…
いいですか絶対マネしないでくださいね？
この4日間!!
ギンッ
水しか飲んでませんっ!!
ギンッ
ギンッ
ギンッ
いいですか絶対に…
マネするワケないでしょっ!!!

※絶対にマネしないでください

ダイエット生活18日目
糖質制限食はもちろんだが未だに断酒も続けている
アルコールは糖質が低いものでも脂肪を分解する妨げになるらしいからなあ…
そんな自分に今日は自ら試練を課す!!
その15
ダイエット中でも居酒屋飲み、いきます
この居酒屋で!!
生ビール・酎ハイ
居酒屋
酒場屋
390
チューハイ
おお…赤ちょうちん久しぶり…
BEER
今日はとある編集さんと打ち合わせ
酒好き
へぇーダイエット中なんすねー
毎回必ず居酒屋で飲みながらおこなう
ハハハ…
なのであえて居酒屋に身を投じ…
強い意志で誘惑に打ち勝ってみせる!!

どんっ
はいよ 生大ジョッキ お待ち!!
いや〜なんか すみませんねえ 僕だけ…
カンパーイ!
い… いやあ 全然…
や…やはり 缶ビールよりも でけえジョッキは インパクトも でけえのお…
ほぉお…
ハァ ハァ
さ〜て 何食べよっか な〜
ハッ
そ…そうだ 大事なのは 注文…!!
うわっ!! アジフライ めっちゃ食いたいっ…!! …って揚げ物は パン粉ついてるし 絶対ダメだろ…!!
うう… とりあえず シメの一品に 目がいってしまう 自分が悲しい…
お品書き
アジフライ…300円
シメの一品
チャーハン…500円
ソース焼きそば…550円
お茶づけ (サケ) (ウメ) (ワサビ)
なんて 悩んでても 仕方ねえ…
この 秘密兵器を…!!
スチャッ

スマホのアプリを使って…
糖質とカロリーを調べる!!
検索キーワードを入力
最近検索した食事
牛ロースステーキ
ゆでたまご
このお店のメニューにある食べてもよさそうなおつまみの…
品名を入力して検索!!
マグロブツはOK!!
糖質 1.5g
カロリー 117kcal
枝豆もOK!!
糖質 2.6g
カロリー 80kcal
赤ウインナーOK!!
糖質 4.0g
カロリー 289kcal
軟骨の唐揚げは…ま…今日はヤメとくか…
糖質 14.3g
カロリー 175kcal
他にも焼きししゃも冷ややっこしらすおろしもOK!!
な〜んだ結構食べれるものあるじゃ〜ん
あれ?それって何飲んでるんですか?
ん?

ああこれは ビールテイスト飲料の ●ッピーっす
普段はこれで 焼酎を割って 飲むんだけど…
味がビールっぽいから 雰囲気だけでもと…
これ自体は ノンアルコール!!
ぐびっ
あれっ!? でも●ッピーって 糖質ゼロでは ないんだ…!!
こりゃ 飲みすぎ注意だな 次からウーロン茶に 変えるか…
………
市川さ〜ん
今日くらい 飲んでも 大丈夫じゃ ないですかあ?
え!?
だって 毎日毎日 頑張ってる ワケでしょ〜?
ね? ホラお酒 頼んじゃい ましょ?
うまいっすよ〜
う…うう…
果たして この迫りくる 悪魔の誘惑に 耐えれるのか!?

どうです？
イヒヒヒ…
お酒
飲んじゃいましょうよ
ね？
い…
いりませーん!!
ズバッ
んぎゃーー
その16
ダイエット中でも居酒屋をめいっぱい楽しむ方法、教えます
お…お酒
の…のも…
ヒロシは ゆうわくま をたおした！
あ…あぶないとこだった…
ウーロン茶飲も…

ダイエット中に
人と食事をすると
必ずと言っていいほど
あらわれる
この「ゆうわくま」
NO!!
NO!!
向こうにも
悪気がないと
分かっているのだが
キッパリと断る
勇気が必要だ
それが
出来ないと…
まいっか
ぷはっ
生ビール
うんめーーっ!!
昨日も
飲んだし
まいっか
ぐび
ぐび
おにぎり
くらい
まいっか
もぐ
もぐ
まいっか
まいっか
ズズー
「まいっかの呪い」に
かかってしまい
取り返しのつかない
ことになる可能性も…
アハハ…
体重
98キロ
市川さーん!!
そして
この後も
うまっ!!
この餃子
めっちゃウマいですよ
どうすか 1個だけ!!
ぐっ…
ゆうわくまの こうげき

すみませーん タコ刺しくださーい
あっそ
糖質3.2g〜!!
ヒロシは じゅもんを となえた！
ずずっ
ん〜〜〜〜!!
やっぱこういう店のシメの焼きそばは格別ですねぇ どうです ひと口？
ぐぐ…
すみませーん お会計〜〜!!
あっそ
あーそう
ヒロシは にげだした！
そして店を出る頃には
チューハイ
居酒屋
様々な誘惑に打ち勝った!!
客の中で一人だけシラフだった!!
おつまみも全て糖質制限のメニューでコンプリートした!!

なんだこの達成感は!!?
パラパラパッパッ
パ〜
ヒロシはレベルがあがった！
こんな風にゲーム感覚でこなしていけば…
きっとダイエットも楽しみながら出来るはず!!
よーし今日は仕事も片付いたし
ぐっすり寝るぞ〜
睡眠時にもカロリーは消費されるのでよく寝るのはとてもよいことですっ!!
目標1日8時間!!
…ってトレーナーさんも言ってたしなあ
翌朝
ゆうべはよくおやすみでしたね
300g減ってる!!
ヒロシは体重はさがったがレベルがあがった！

その17
う〜ん…
あーでもない
こーでもない
ダイエット開始19日目でマイナス5キロってどう?
何してんの?
いやあせっかくだから…
このダイエット体験を漫画にしようと思ってね!!
へー何の雑誌に載るの?
ごしごし
違う違うツイッターにあげんの
今ツイッターでは無料で手軽に読めちゃうゆるーい漫画がたくさんアップされてるんだろ?
そしてそこから話題になってヒットする漫画もたくさんある!!

つまり!!
ダイエットマンかをツイッターでアップ
めちゃくちゃバズる!!
1.2万
8万
書籍化!
ヒロシダイエット
憧れの印税生活!!
へへへへへへへへへへへ
食欲を制限してるせいか前よりも欲深くなっとる気が…
そして…
液晶ペンタブレットで作画
描けたっ!!
俺をネコのキャラに置き換えたほんわかダイエット漫画!!
がんばれネコザップくん
やせるでー
流行りの「ゆるめ」でバズを狙う!!
バッ
読み応えも考慮して1~2話を一気にアップ!!
よっしゃいっけーっ!!
ポチーッ
その夜
どう?例の漫画?

ぜ…
ぜんぜん バズってねえ…
りついーと
3
いいね
12
すん…
デコリン♪
XXXXXXX@
Replying to @ichikawah
ジムに行ったからといって
ヤセるワケないですよwww
私の場合、毎日の食事制限と
うんたらかんたらうんちくを
しかし しっかりと クソリプは来る!! もうヤメじゃーっ!!
漫画家生活18年 ツイッター歴10年…
ずーーん
これだけやっても俺は バズる漫画ひとつ 描けないのか…
そんなに 落ち込むこと？
はあ… やっぱバズれる 漫画を描ける 作家さんは…
それなりに 研究したり 才能があったり するんだよな…
オレには無理だぁ…
それから 数日後
Coffee

ツイッターのダイエット漫画拝見しました!!
よみタイ編集長のシザワです♡
ぜひアレをウチのサイト「よみタイ」で連載していただきたいのです!!
えっ!? 本当ですかっ!?
でも…
あの漫画全然バズってないんですけどなぜ…?
ビシッ
そうですね全然バズってないですね
ハ…ハッキリ言われた…
まず1つ目にダイエット漫画は数あれど男性作家さんのダイエット漫画は少ないのでソコが狙い目かと
そして2つ目は…
市川さんはグルメ漫画を数多く描かれてらっしゃる!!
え… そ…それと何の関係が…?
得意の料理の腕を活かしてオリジナルのダイエットメニューを漫画に登場させる!!
グルメ&ダイエットの最強タッグ!!
私コレイケると思いますっ!!

主人公は共感しやすいよう市川さん本人で!!
あ〜コレはいいですよ〜!!
ヤベェ…最近ほとんど鶏むね肉とブロッコリーとタマゴしか食ってねえなんて言えねえ…
ま…まあそこは何とかなるか!!
よ…よろしくお願いしますっ!!
こちらこそっ!!
がしっ
いや〜でも嬉しいなあ
バズるの通り越してまさか仕事が決まるとは…
昨日までの落ち込みがウソのよう!!
あの…
最後に失礼なんですけど…
はい?
ツイッターによるとダイエットの目標期間は2ヶ月なんですよね?
ちなみに今どのくらいおやせになりました?
えーと19日目時点でマイナス5キロの91キロです
最終目標はあと7キロ減の84キロですね!!

あと7キロ…？
無理じゃね…？
ピキッ
はっ!!
そ…そうか!! これでもし順調にやせていかなかったら…
わあああああああ
は？てめぇ ナメてんの？
2ヵ月でヤセれませんでした
この話はなしやなし!!
あああ
印税も仕事も原稿料ももらえない
バズれない ヒットもしない タダの太ったおじさん漫画家
この連載の話自体がなくなることに…!!
では…
目標達成出来るのを期待してますね
おつかれさまです!!
は…はい…
その日からよりダイエットに気合いが入りました
どすん
どすん
家が揺れるから静かにせえっ!!

300g減ってる!!
ヒロシは体重はさがったが
レベルがあがった！

超カンタン③ステップ
糖質オフレシピ その3
①もやしをゆでる
②ニンニクをみじん切りにする
③お湯を切った①に②を入れ旨味調味料と醤油を入れてよく混ぜればできあがり
無限もやし
食べ応えあってしかも無限に食えるっ!!
シャキシャキ
しかし食べすぎるとクサいっ!!

ダイエット生活
3週間
そー…っ…
よし!!
今日も順調に減ってる!!
90.5kg
トータル
マイナス5.5キロ!!
その18
100キロ近い男が
5キロやせたところで
周囲の視線は……
フフフン
フ〜ン♪
えらい
上機嫌やな
いや〜 実は
今から仕事で
久しぶりに
漫画家や
編集さんらと
会ってくんのよ
……で?
みんなに
「やせましたね!!」
って言われると思うと
嬉しくってさ〜
だってマイナス
5.5キロだよ!!
ふ…ふ〜ん
いってらっしゃい…

○○出版グループ
こ…こういうのはやはり第一印象が肝心だよな…
ドキドキ
ねぇねぇ
こっちからアピールなんてしてしまうと…
どう？
オレ見てどう思う!?
ねぇってば
ウザがられるに決まってる!!
何しろ私は筋金入りの
ええ格好しい…
なので自分からは何も言わず…
あれヤセた？
なんか…
え？
ヤセました？
…というのが理想的!!
そーお？
ここはあくまで自然体に…!!
おはようございまーす!!
ガチャ
あっ 市川さんおはようございます
ちわーっす
どもども～

この前の漫画読みましたよ〜
あ ホント？ありがと!!
ついでに次回の打ち合わせなんですけど〜
あ〜ハイハイ
観ました？あの映画!?
あ〜まだ観てないんだよね〜!!
ワイ
ワイ
ワイ
ワイ
ワイ
ワイ
誰もやせたと言ってくれん!!!
いや待てよ…この人たちやせたと俺に言う以前に…
わははは
ワイ
ワイ

俺がやせたことに気が付いてないのでは!?
いやいやまさかそんなことあるワケが…
米
5kg
だってあのスーパーから買って帰ると手がしびれるほど重いお米よりもやせてんだぞ…!?
そうか!!おそらく言うタイミングがないだけ!!
作戦変更!!あくまで自然体でアピールをする!!
いや〜いやいやしかしホントね
最近どう?みんな
俺近頃ジムに通い始めてさあ
イテテ昨日の筋トレで筋肉痛が〜
とかなんとかやってたらさあ〜
気付いたらちょっとやせちゃってさあ〜

どや!?
どやどや!?
……え？
そんな変わってないような…
ボカーン
プスプスプス…
何燃え尽きとんねん
だってさ〜こんなに頑張ってんのにさ〜変わってないって言われたらさ〜……
アハハハ…
…あのさ

例えば小柄なウチが
5.5キロやせたとして
想像したらどう思う?
げっそり
え?
びょ…病気かと
心配になるね
逆に
身体の大きい関取が
5.5キロやせたとしたら?
減量したでごわす
ま…まあ
気付かない
だろうね…
つまり
そういうことや
頑張れ
関取
せ…!!?
な…なるほど
でも確かに…
やはり身体の
大きさから考えて
10キロ以上
やせないと
気付かれないってことか…
ふん
ふんっ
ただ
そもそも論で
言うと…
おっさんは
他のおっさんを
それほど興味持って
見ていない説…!!
そーだわ…
だって俺も普段
他のおっさんのこと
気にしてないもん…
おまけ
でも身近にダイエットを
やってる人がいたら
「変わってない」の一言は
絶対に禁句…
皆さんなるべく
温かい目で
見守って
あげましょうね
スミマセン
めんどくさくって…

ダイエットを始めてもうすぐ1ヶ月という頃
広島の実家から弟がウチに泊まりに来た
でーーーん
いやいやいや〜おじゃましますわ〜
その19
俺、全然食べてないのに、やせないんだよな〜のウソ・ホント
体重が煩悩の数と同じ108キロの弟が…
ドスドス
彼女は今実家に戻っとるんじゃろ？
え？ああ…
な…なんかコイツまたデカくなったような…
身長はほぼ同じ180cmなのに…
プシュッ
レモンサワー

どーなん
ダイエットは？
順調？
ぐび
ぐびぐび
ポリ
ポリ
ポテチ…
ま…まあね
頑張っとるよ…
弟は地元で
飲食店を
経営しており
たまに東京に
勉強がてら
食べ歩きをしに
やってくる
今日の昼は
いつもの
あのモツ焼き店で
30皿くらい食べたわ
あとビールと
梅割5杯
30
!?
まあ 言うても
朝ごはん
食べんかったけんね
んで
その後に…
その近くの
立ち食い寿司を
つまんで
駅移動して
行きたかった
焼き鳥店のぞいて
軽く飲んで
最後に
あの老舗の
焼肉店 並んで
食べてきたわ
ペラ
ペラ
ぐび
ぐび
ポリ
ポリ
…………
あ
ちょっと
お湯もらえる？
ん？
コーヒー
飲むん？
シメの
カップ蕎麦
食いたい
まだ
食うんかい!?

ズルズル
でもまあ…
今日は言うてもそんな食うてないわ〜
ゲフ
そば
は？
だって基本肉ばっかじゃけ炭水化物はあんまり摂ってないじゃろ？
寿司も5〜6貫しか食うとらんし
何より東京はよく歩くけんカロリーは消費されとるし
それにシメもラーメンじゃなくてカロリーの低い蕎麦じゃもん
ぐい
…………
あれ？この言い回し…何か思い出してきたぞ…？
97〜98キロ時代
そうだあの頃の自分…ダイエット始める前の自分…!!

一日の始まりの朝食は大事だからしっかり食べなきゃね〜
ごはんおかわりしよ〜
もりもり
昼は食べても太りにくいっていうからラーメン食べるなら昼だな
替え玉もしちゃお〜
ズズー
夜は白米は食べずに
生ハム
ソーセージ
チーズ
ハイボールに
赤ワインボトル1本
つまみとお酒だけにしておこう
そして決まって口癖は…
俺って全然食べてないのにやせないんだよなー
ていうかさー
ワシって全然食べてないのにやせんのよねー
言った!! 同じこと言った!!
毎日 糖質制限して筋トレして筋肉痛に苦しみやっとの思いでジリジリとやせていく今の自分からすると…

食べてた…!!
小腹が減ったから
おにぎりひとつくらいは…
からあげも3つくらいなら…
あの頃の俺確実にしっかり食べてた…!!
そして挙句の果てに…
は〜
俺ってホント太りやすくてやせにくい体質なんだよな〜
ヤレヤレ
ワシってホント太りやすくてやせにくい体質なんよね〜
ヤレヤレ
は〜
言った!! また同じこと言った!!
街を走っているのはやせている人が多い
ラーメン店に並んでいるのは太ってる人が多い
ラーメン
ダイエット 人のフリ見て我フリ直せ
あー今日はハラ8分目で寝るわ
そーいうことだな…
こうして弟は「並盛だから」という理由で 次の日ニンニクアブラマシマシのラーメンを食べて広島に帰っていった…

ダイエットこぼれ話②

ダイエット開始から6キロくらいヤセた頃
6キロもヤセたんですよ!!
うーん…
あーあ またどーせ「そんなに変わってない」か…
いや そもそも…
?
そんなに太ってましたっけ?
え…!? あの100キロ近かった見た目すら記憶にないの…!?
ぽよよ〜ん
オレ…一体何のためにヤセようと…?

※おじさんはおじさんに興味がない

ダイエット開始から
まもなく1ヶ月
お!?
つ…
ついに…!!
89.8kg
念願の
80キロ台突入!!!
その20
ゴゴゴゴゴ。。。
90キロ台
肉は低糖質だから
焼肉はむしろ
全然オッケーでしょ!
90キロ台の
バカヤローッ!!
もう2度と戻って
こねーからなっ!!
しかし
え?
いや〜
どうもどうも
編集の
ゆうわくま
再び登場
(その15参照)

そうだ…今日は漫画の取材終わりでどうしても焼肉を食べないといけない日だった…!!
うぅっ…
焼肉
YAKINIKU
ここ予約とるの大変だったんですよ~
…でもまあ
肉は基本糖質は少ないし…
そこまで気にしなくてもいっか…
ノンアルコールビール
糖質・カロリーゼロ
これ上タン塩です
じゅ~
おっいいね~~~!!
うまっ…!!
久しぶりのこの味!!この食感!!シビれる~~!!
ぱく
もぐ
おっそうだ…
一応タン塩のカロリーは調べとくか…
ぱくっ

えーと…
もぐもぐ
……えっ!?
・タン塩1枚(20g)
約65キロカロリー
・タン塩1人前(100g)
約330キロカロリー
タン塩1枚約65キロカロリー!?
意外と高いっ!!
い…今何枚食べたっけ…!?
よ…4枚か…
…てことはすでに260キロカロリーの摂取!!
確かに肉は糖質は少ないが…
市川さんの体型からすると一日の摂取カロリーは2000ほどに抑えてください!!
糖質は1日50gまでっ!!
トレーナーの月野氏
〜今日の食事〜
朝食
鶏むね肉、タマゴ、ブロッコリー
みそ汁、MCTオイル
約320キロカロリー
昼食
さばの塩焼き、サラダ
みそ汁、納豆
約410キロカロリー
…で今食べたタン塩4枚のカロリーを加えると…
えーと
320たす
410たす
260は…
990キロカロリー!!
つまりこの後食べていいカロリーは残り約1000!!
990
C
+/-
%

これ
牛ロースです
助かる!!
牛ロースは
比較的カロリーも
低い!!
やっぱ和牛は
ウマいですね〜
和牛は
脂がのってるから
同じロースでも
カロリーアップ!!
鶏肉も
食べましょうか
助かる!!
鶏肉は牛肉よりも
比較的カロリーも
低い!!
カリカリの皮が
ウマいな〜
皮つきは
皮なしに比べて
2倍くらい
カロリーアップ!!
などと
検索しながら
食べ進めたところ…
牛タン塩4枚
260キロカロリー
和牛ロース4枚
260キロカロリー
キノコバター
140キロカロリー
鶏もも肉3個
160キロカロリー
和牛ハラミ4枚
180キロカロリー
わずか
この量で
カロリー
上限到達!!
ガラガラ
ガッシャーーン
ダイエット焼肉
閉店
ギャー
トータル
1000キロ
カロリー!!

けれど正直
腹8分目どころか…
腹3分目です…
…でも
考えたら
今までの
焼肉は
この倍の量の
肉を食べ…
挙句の果てに
ビビンバ(炭水化物)
冷麺(炭水化物)
クッパ(炭水化物)まで…
うひひ~
しかも
アルコールも
しっかり摂取
い…いったい
今までどれだけの
カロリーと糖質を
摂ってきたんだ…
焼肉
おそるべしっ!!
あっそうだ
市川さん
まあ　ダイエット中なのは
知ってるんですけど~
シメに
この店イチオシの
肉寿司食べます?
糖と脂の
最強コンビ!!
食うワケ
ないでしょっ!!!
イヒヒヒヒ
ヒィ
翌日
ふおお…
減ってはないけど
増えてもない…!!
99.8
必死の思いで
80キロ台を
死守…!!

鍋前
鍋のシメなんか絶対に食べないよ!!
あれが一番太る!!
鍋後
鍋のシメを食べないなんて…
鍋に対して失礼だっ!!
なにその180度逆の主張

あの頃
欲望のままに
生きていた④

前回の焼肉から数日後の今日
体重は1度も90キロ台に戻ることなくジワジワと順調に減っていた
…よし!!
その21
正しいダイエット中の誕生日の過ごし方
午前8時半朝食
メニューはいつも通り鶏むね肉のハムブロッコリー卵にみそ汁MCTオイル
朝食の詳しい内容とMCTオイルについては「その11・12」を読んでね
朝食の後はブラックコーヒー
ズズ…
午前9時仕事開始

ポリ…
空腹回避のため
ナッツをかじる
昼の12時
出かける準備
ブーーー
午後1時
ジムに到着
バン
こんにちはーっ!!!
そこから50分
みっちり筋トレ
ふぬおおお
ベンチプレス60キロ
10回×4セット
スクワット負荷60キロ
10回×4セットなど…
プルプル…
イケる
イケる!!
あと3回!!
ジムの帰り
スーパーに立ち寄り
食材を購入
う…腕が
パンパンだ…

あ おかえり
ふあ
あ うん
ジュー―――
午後3時 遅めの昼食
メニューは 塩コショウで焼いた 牛肩ロース300gと サラダ
それと ノンアルコール カクテル
ノンアル
午後3時半 仕事再開
がじ…
空腹回避のため スルメをかじる
午後6時半 夕食の準備
午後7時 夕食
メニューは 焼き魚 納豆 みそ汁 サラダ

午後7時5分
ぐび ぐび
ズルズル
目の前でラーメンとビールとデザートを飲み食いされるもはやうらやましいなどの感情もない
1日1食 夜10
……ん？
……あれ？
ん…
ねぇ 今日って…
ああ… そうだよ…
その後再び仕事をして風呂に入り
午後11時半 就寝
午前0時 ふと思う
生涯で最も地味な誕生日が終わった…
こうして無事43歳のおっさんになりました…
ダイエット中に特別な日などない!!

ダイエット開始から…ちょうど１ヶ月!!
カラオケ
広告募集
その22
健康な人間が太ってしまう原因はたったひとつしかない！
は…
88.8キロ!!!
きましたね!!
マイナス7.2キロです!!
88.8
すえひろがり
ちなみにお腹まわりは…
ぴー…っ
ＯＫ!! 開始時よりマイナス10センチです!!

マ…マイナス7.2キロにマイナス10センチ…!?
じ〜ん
す…すごい人って1ヶ月でこんなに変われるんだ…!!
市川さんお気付きでしょうか…?
ククク…
え…?
ダイエットは人からやれと言われたことを単純にやってるだけじゃ
なかなか体重は落ちません
最も大切なのは…
た…大切なのは…?
ゴク…
意識改革ですっ!!
意識改革!?
ばっ
てかなんで脱ぐっ!?
健康な人間が太る原因はただひとつ…
ムキ
ムキ
不摂生です!!
ムキッ

食べすぎ
飲みすぎ
運動不足
睡眠不足…
それらが積み重なった結果が体重増加につながるのです!!
ムキ
ムキッ
ですから太ったからといって無理に断食をしたり無茶な運動をするのではなく
意識改革をする!!
つまり人としての普通の生活習慣に戻す!!
これだけで自然とやせていくのですっ!!

た…確かにここ最近は過去の自分の異常なまでの生活習慣を反省してばかりだった…
食べすぎ
うんめー
ラーメンうんめー
飲みすぎ
ビール
サイコー
運動しなさすぎ
だって外寒いしさー
徹夜しすぎ
仕方ないじゃん
しめ切りあるしさ
ドロ…
ドロ…
ドロ…
それがダイエットを始めて適度に3食ちゃんと食べ適度に週2回運動し
よっ
ムキ
はっ
ムキ
早寝早起きして睡眠時間をたっぷり取るだけでちゃんとやせていってる…!!
考えてみればダイエットって…
そんなに難しいことじゃないのかも…!!
がしっ
ほ…本当にその通りですね!!
分かっていただけましたかっ!!
はい!! でも 分かったので服は着てくださいっ!!
2人ともハダカはおかしいっ!!

よし…!! 残り1ヶ月!!
しぶしぶ
さらなる意識改革で目標の84キロを目指すぞ!!
でも考えたらあとわずか4.8キロ…
にゃ〜
1ヶ月で7.2キロやせたんだから余裕じゃね？
♪〜
しかし…この日を境に…
次の日
ん…？ 昨日と体重変わらず…
88.8
2日後
え!? 400g増えてる!?
89.2
3日後
ば…晩ごはんかなり控えめにしたのに減ってない…!?
89.2
な…なんだ…？ 食事も生活習慣も同じなのに急に体重が落ちなくなったぞ…？
これがいわゆるダイエットの「停滞期」…悪夢の始まりであった…

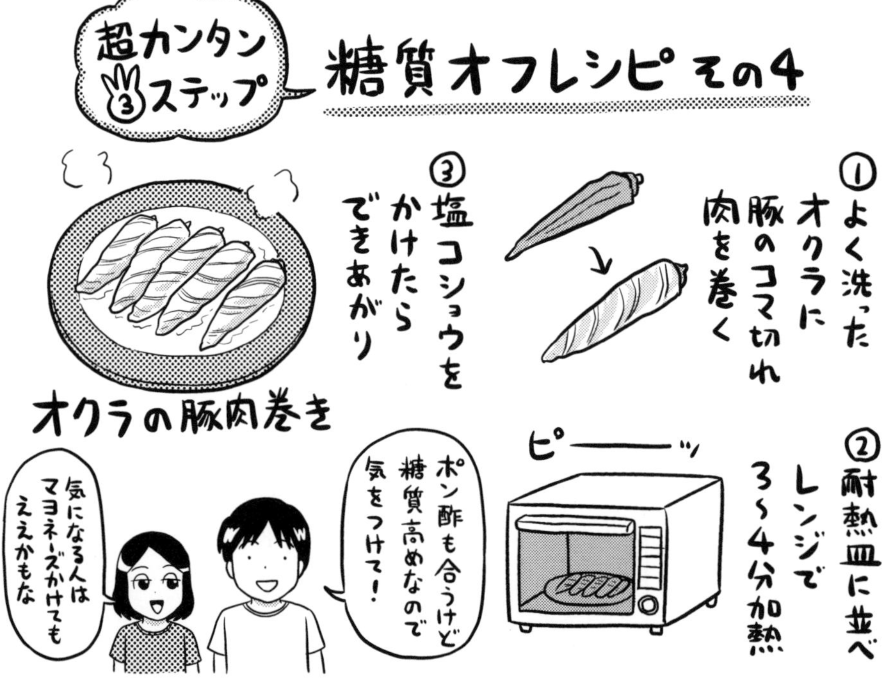
超カンタン
③ステップ
糖質オフレシピ その4
①よく洗ったオクラに豚のコマ切れ肉を巻く
②耐熱皿に並べレンジで3〜4分加熱
ピーーーッ
③塩コショウをかけたらできあがり
オクラの豚肉巻き
ポン酢も合うけど糖質高めなので気をつけて！
気になる人はマヨネーズかけてもええかもな

ダイエット中に
必ず訪れるといわれている
いくら頑張っても
体重が落ちない地獄の期間
「停滞期」
ついに自分にも
その時がやってきた
きょ…
今日で6日間
全く体重が
落ちてない…
その23
魔の停滞期が
やってきた！
ダイエット魂、
燃え尽きる寸前！
あああ〜〜〜
もう心が折れそう
だよおおお〜〜〜…
うううう〜
う…
…そのセリフ
今日3回目
やで
はぁ…
だってさあ
ダイエット始めた
最初の2週間でさあ
あんなに簡単に
4.3キロも
落ちたのにさあ
ふう…
それから毎日
トレーナーの
言うこと きいてさあ
食事内容や
筋トレに睡眠だって
ちゃんと
気を付けてんのにさあ

調べたんだけど人の身体は1ヶ月で体重の5％以上が減ると
ブツブツ
「飢餓状態かも？」と判断し防衛反応が働いて減量するための対策をしても体重が落ちなくなるんだって
オレは1カ月で96kg→88.8kgだから5％以上じゃん？
やれやれなんで神様はそんな厄介な機能をつけたのかねえ？
クドクド
そんな厄介なモノがあるから俺みたいな人らがダイエットを挫折…
クドクド
それがズバリ「停滞期」…!!
あ〜もううっさい!!!
ダンッ
ひっ!!?
アンタも大変かもしらんけど一日中ダイエットの話聞かされる身にもなってみ!?
そもそも太ったのは紛れもなくアンタの責任やろ!?
関係ないウチに迷惑かけんといてくれるっ!!?
ぐっ…

でも関係ないとはいえ
もうちょっと
協力してくれても
いいんじゃねーか!?
いつも
ダイエットしてる
俺の前で
好きに飲み食いしたり
ごはんだって1回も
作ってくれたこと…
はい…
その通りです
ごめんね…
分かれば
ええんやで
そんな言いたいことも
言えない毎日で
さらにストレスは溜まる…
さらに
次の日
プルルル…
シザワ
もしもし〜
よみタイ編集長の
シザワですけど〜
あっハイ!!
お世話になって
ます〜!!
あれから
いかがですか?
体重のほうは?
え…ええ
あと1ヶ月で
残り4.8キロまで
きたんですが…
え〜!?
すごいじゃ
ないですか〜!!
現在いわゆる
停滞期に
入ってしまって…
この1週間で
ほとんど体重が
落ちてない状況
でして…
………

このまま残りの4.8キロ落ちなかったら連載の話はナシなんで
ブチッ
ストレスの上にさらにプレッシャーまでもが!!
停滞期は個人差もありますが2週間～1ヶ月は続くといわれてますね!!
1ヶ月!? そ…それじゃあ精神的にもちませんよ～!!
大丈夫です こうなることは想定していたので策はあります!!
どうです? ウォーキングを始めてみませんか?
ウ…ウォーキング…? 歩くだけでやせられます…?
やせます!! ただし色々と条件はあります!!
ランニングじゃなくて?
歩く時間帯は朝!! そして歩く前に必ず飲んでいただきたいのが…
えっ…?
果たしてその飲み物とは!?

朝
ウォーキングする前に
必ず飲んで
いただきたい飲み物!!
ズバリ
ブラックコーヒー
ですっ!!
その24
ブ…ブラック
コーヒー…
はい!! コーヒーの
カフェインには
脂肪を燃焼させる
効果があるのです!!
停滞期を
乗り越えるための
秘策を授かった!
……たぶん
い…一応
今も食後には
飲んでますけど…
それもいいですが
朝3昼5夜2の食生活で
お腹の空いている
朝一番にも飲んでください!!
そして朝食前に
1時間くらい
歩いてみてください!!
1h
…
いわゆる
有酸素運動です!!

いいですか？
市川さんはすでに
筋トレで筋肉が増えて
脂肪も燃えやすく
なっているんですよ!!
そ…
そうですかねえ…
体脂肪は減って
筋肉は増えてます!!
ちなみに私は
毎朝出勤前に
コーヒーを飲み
約２時間歩いて
ここに通ってます!!
びっ
に…２時間も!?
はい!!
そのおかげで
このような
引き締まったボディに…
ばっ
いいです
脱がなくてもっ!!
そんなワケで
翌日
チュン
チュン
チュン
ごく
ごく
よし
とりあえず
ブラックコーヒー
300ml飲んだ…
でも
ウォーキング
するくらいで
ホントに停滞期
突破できるのかなあ…
いってき
まーす…
ふあ〜…
おやすみ〜
完全
夜型
…………

さてと…
歩くと いっても…
あっ…
どこを歩く？
真夏にジャージ上下
ミーン ミーン
そういや よく考えたら…
この辺りに 引っ越してきて 3ヶ月…
ミーン
ミーン
ミーン
近所を 散歩なんて 全然してなかったな…
よし!! じゃあ歩いたことのない あの横断歩道の 向こう側を 歩いてみよう!!
しかし ほんとに ただ歩く だけかあ…
すぐ飽きちゃい そうだけど…
てく てく てく
てく てく てく
………
ど………

どこだここ!?
山しかない!!
畑もあるよ
やさい1品100円
え!? 野菜の無人販売所!?
お金入れ
モー
え!? 牧場!?
○○牧場
え!? 牧場から鶏逃げてる!?
コケ
し…新宿から電車で30分にバス20分だからそこそこ街だと思ってたのに…
ウチってこんなに田舎だったのか…
家から10分しか歩いてないのに…
でもそれが意外と楽しめて
田んぼに水車!?
この後も飽きずに毎日ウォーキングを続けられたのであった

その25
ダイエットにも楽しいことはある。でなきゃ続かないし!
停滞期をどうにか打破するために
朝食前に脂肪燃焼効果のあるカフェインを含むブラックコーヒーを飲んで
歩く!!
歩く!!
ひたすら歩く!!

ハァ ハァ ハァ ハァ ハァ ハァ
ハー ハー ハー ハー
走るのはしんどいから歩く…!!
でも…
自分はこれでいいと思ってる!!
何事も…
しんどかったら長続きしないもんね…
週2の筋トレ
ふぬぬぬ…
最初はビクともしなかったのにどんどん重たいバーベルを持ち上げれるようになってきて今は楽しい
すごい!! 70キロいった!!
毎日の食事
今日はまだ400キロカロリーしか食べてないから
カロリーと糖質をチェックしながら何を食べるか選ぶ作業もまるでゲーム感覚で楽しい
昼に肉食べて夜を控えめにして…

そしてこのウォーキングも
鳥の鳴き声を聞き道端に咲く花を眺めながら歩くのが楽しい
ダイエットを続けていくには…
全てのことをいかに楽しんで取り組めるかがカギ!!
そういう意味でもダイエットはつらいことばかりじゃないっていう「意識改革」が必要なんだなあ…
そして
そんな生活を地道に続けていき
♪〜
さあ8時間たっぷり寝よう!!
楽しい夢見れるといいな〜
1週間が過ぎた頃には
8月

…今日も減ってる!!
87.8 kg
ついに87キロ台!!
どうやら停滞期は越えたみたい…
はぁ…よかったぁ…
へな
へな
そこから堰《せき》を切ったように
87.5
0.4kg減!!
86.7
減減減!!
再び毎日着実に体重は落ちていった
0.3kg減った!!
87.1
86.4
いろいろ楽しいけどやっぱりダイエットで一番楽しいのは
体重が減っていくのを感じる瞬間だね!!
と言いつつ今朝も歩く!!
そしてついに
86キロジャスト!!トータルマイナス10キロ達成!!
目標達成まであと2キロ残り2週間!!

健康な人間が太る原因はただひとつ…
ムキ
不摂生です!!
ムキ
ムキッ

ダイエット こぼれ話③

ダイエット終盤
仕事で韓国のカジノに
行った
CASINO
(2019年)
カジノ内の
食べ物は全て無料で
食べ放題だった
どさ
どさっ
どさ
どさ
しかし日本の
コンビニで買ってきた
サラダチキンを
わし
わし
3日間無心で
食べ続けた
わし

※そして早朝 ホテル周辺をウォーキング…

あと2週間で
マイナス2キロ…
しゃき
しゃき
ここまで
10キロも落としたんだし
必ず目標達成するぞ〜!!
一日0.2キロ減らせば
10日でイケるもんね!!
慌てず
マイペースで
いこう…!!
その26
…と思っていた
数日後
ラーメンという
史上最大の誘惑が
やってきた
ん?
コケッコ
ラーメン!!
♪すぐウマい!!
すんごくウマい!!

ピシャアアアア
全身に稲妻のような衝撃が走った
あの濃いスープ
あのちぢれた麺
あの昔から変わらぬ味
しばらく遠ざけていた炭水化物への欲望に一瞬で脳が染まった
コ…コケ…コケッコラーメン…
ぐわあああメチャクチャ食いてええええ!!!
ギャアアアアアアア
うっさいなあ…
い…いや落ち着け…
い…今 食べたら頑張ってきたことが全て水の泡にもなりかねない…
よし決めたっ!!
コケッコラーメン
目標達成したら真っ先に食べるっ!!

よーし
いいぞ…
ハー
ハー
自らご褒美を
設定したことで
ダイエット中の
苦難あるあるを
乗り越えれそうだ…
ブッ
ブッ…
し…仕事して
さらに気分を
紛らわそう…
が…
かき
かき
当時
グルメ漫画を
月に2〜3本
連載しており
かき
かき
かき
かき
毎日のように
食べ物の絵を
描いていたため…
カレー!!
カツ丼!!
ナポリタン!!

ぐわあああぁ この世の 地獄じゃあああああ!!!
ギャアアアアアア
うっさいっ ちゅーねんっ!!!
こちらは あるあるではなく ダイエット中の グルメ漫画家のみが 経験する レアケースの 苦難であった…
チャーハン!!
冷やし中華!!
そして…
ピッ…
85.0
きましたね 残り1キロ!!
ところで 市川さん…
なんだかとっても いい目つきに なってきましたね!!
ギン
ギギンッ
でしょーね!!
さあいよいよ 残り1週間 果たして目標達成 出来るのか…!?
コケケ

1年で体重が100キロ近くまで跳ね上がった
42歳のおっさんが
85キロ
↓
97キロ
きゅ…
97キロ!?
自己流ダイエットでどう頑張っても半年で1キロしか落とせなかった
42歳のおっさんが
昨日食べてないし今日はちょっとくらい食べてもいいでしょ
ぐびぐび
ガツガツ
フライドチキン
ビール
藁にも縋《すが》る思いでジムに入会して週2の筋トレと毎日の食事管理を始めた
42歳のおっさんが
ぜ…
全身筋肉痛…
ダイエット中は大好きなお酒を1滴も飲まず生涯イチ地味な誕生日を迎えた
42歳から43歳になったおっさんが
し――ん…
お茶
鶏ハム
さあ
体重計に乗ってください…
わずか…
わずか2ヶ月で…

84キロ!!!
84.0kg
トータル マイナス12キロ!! 目標達成 おめでとうございます!!
その27
2ヶ月で 12キロやせた喜びよ、永遠に!
2ヶ月で 12キロ減…!!
始める前は 絶対無理だと 思ってたのに…!!
やったーー!!
ちょっと 腹筋も 割れてる
ただ12キロ 落ちただけじゃ ないですよっ!!
お腹まわりは マイナス13センチ 体脂肪率は 26%から18%に なっています!!
つまりきちんと 脂肪が減り 筋肉が増えたので…
単に12キロ贅《ぜい》肉を 落としたよりも 見た目は細く 見えているハズですっ!!

いや〜でも自分ひとりじゃ絶対ここまで落とせませんでしたよ〜
そう言っていただけるとトレーナーとして感無量ですっ!!
ばっ
このパフォーマンスも見納めか…
しかし市川さん…
今後徐々に通常の食生活に戻していかれると思いますが…
当然ですが多少は体重が戻ることもあると思います!!
は…はあ…
ただそこで決してヤケにはならずこの2ヶ月で学んだことを思い出してください!!
あまり気張りすぎず少し増えたら少し戻せばいいだけなんですから!!
ダイエットは減量よりも減らした後の「維持」が最も重要ですっ!!
今回得た知識と経験は一生の財産になるはずです!!
がしっ
あ…ありがとうございます!! 頑張りますっ!!

終わった…
か…
体重が落ちて実感した嬉しいこと その①
ズボンのベルトの使用していた穴が…
きゅっ
一番外側から一番内側になった!!
体重が落ちて実感した嬉しいこと その②
パシャ
え〜!? なんでワザと太ってる感じで撮るの〜!?
はあ!? 知らんわ 普通に撮っただけや!!
それが今は…
ホッ…
自分の想定内の体型で写ってる…
※つまり実際に太っていただけ
体重が落ちて実感した嬉しいこと その③
ザアアアア…
なんで電気消して風呂入ってんの?
え!? そ…それは…
ヒャッホ〜!!
風呂の鏡に映る自分を直視出来るようになった

他には…
なあ 気付いてへんけど さあ…
最近いびき かかへんように なったな
え!? い…今まで そんなに うるさかった!?
控えめに言って カバ並やったわ
ゴガ〜〜
カバ!!?
※肥満の人は いびきを かきやすい傾向が あるらしい
人にも迷惑 かけなくなって よかったな…
しかし 思い返せば…
アイツの一言から 始めたんだよなあ…
デブッ!! 出会った頃と 全然違う!! 詐欺!!
いや… 一言 どころじゃ ねーか…
それなのに途中 全くと言っていいほど 協力も応援も してくれなかったけどな…
ビール うめぇ ラーメン うめぇ
グビ
ズル
まあアイツにとって オレがダイエットに 成功したところで 前に戻っただけだし 特に興味はないか…
ただいまー

おかえり
2ヶ月お疲れさん
ん？どした？
そ…そんな言葉かけられると思ってなかったので動悸が…
なんでやねん!?
ドキドキ
ハーハー
いや 正直めっちゃやせたと思うで
よう頑張ったな
ホントに!?
す…素直にこれが一番うれしい…
に…2ヶ月頑張ってよかった…
ただし…
もしリバウンドしたらボロカス言うで
ダイエットは終わってもくれぐれも健康的な生活を心がけていきたいと思いました…
は…はいー!! 気を付けますっ!!

人は
欲望のままに生きるのは簡単だ

欲望のままに
戻したら
リバウンド
という名の
悪魔が
やってきた！

特別
描き下ろし

ダイエットの目標を達成して数日後
じゃーーーん
BEER
生
に…2ヶ月以上ご無沙汰だったビール…!!
つ…冷たい…
まあ頑張ったしご褒美やな
ぐいーっ
い…いただきますっ!!
かーーーっ!!!
五臓六腑に染みわたるこのウマさっ…!!!
たんっ
しかし…
ぐわわ
わ〜ん
成人してからこれほどまで長い期間禁酒をしたことがなかったためか わずか2クチでベロベロに
今後もこの調子なら経済的にもええんちゃう？
ふにゃ〜〜

そして
2ヶ月以上ぶりの
飲み会
うわっヤセた!!
さすがに12キロ減は
みんな気付いてくれて
うれしくなり
すごいヤセた〜!!
飲みすぎた
ぐわんぐわん
そこからの
2ヶ月以上ぶりの
朝帰りをして
うんめ〜〜
2ヶ月以上ぶりの
朝マフィンを食べるも
記憶がなく…
勢いで次の日
ラーメンも解禁
念願の
コケッコラーメン!!
ずぞぞ
ぞぞぞぞ
ついつい
そんな生活を
続けてしまった
数週間後…
ま…
まずい――――っ!!!
87.8
あっという間に
4キロ近く
増えてる――――っ!!!

そ…そういえば
この前の飲み会で…
知り合いが
糖質制限ダイエット
成功したんだけど
ダイエット終えた途端に
食生活をもとに戻したら
一気にリバウンド
したんだって〜
気をつけてね〜
い…いやだーっ!!
そんな
ミジメなことだけは
避けたいっ!!
こ…この数週間…
暴飲暴食不規則生活
大食い&
早食い!!
ガツガツ
飲みたい
ビールの
銘柄
全部買って
飲んで
みた
おや
気づけは
深夜2時か…
どうやら解放感から
再び欲望のままに
生きすぎてしまった…
いや…
まだプラス4キロ!!
今なら
まだ間に合うはずっ!!
その日から
今一度
己の「欲望」と
向き合う
生活を始めた
欲望
じーーっ
でけーな…

その① お酒
家飲みは飲んでも一日1缶まで
糖質少なめのお酒
レモンサワー
それでも飲み足りない時は…
プシッ
伝家の宝刀ノンアルコールカクテルをチェイサー代わりに
アルコールも薄まっていい感じ!!
意外と「のどごし」さえ満足すれば量を飲まなくても平気かもね
その② 食事
朝食は週4日はダイエット中と同じスタイルに
鶏ハム タマゴ ブロッコリー みそ汁
フシギなことに全然飽きない…
昼食 夕食もなるべく炭水化物を控えめに
肉
魚
葉野菜
キノコ
ただ…
このまま永久にこの食事を続けるのもどうなんだろう…？
健康的に不安というより人としてどうなの？
なので週に2~3食は好きなものをしっかり食べる
カレー作った!!
これだけで食べれないストレスってのは感じなくなった
へ~ここのうどん評価高いな
この店の寿司もこっちの焼肉も…

その③ 運動
天気のいい日にウォーキングを週2～3回
それ以外に「2駅くらいなら歩いて行こう」精神
せっかくついた筋肉が落ちるのがいやだったので自主的に近所のスポーツジムに入会
ふんぬーーっ
しかし…
入会後世の中はコロナ禍に…
COVID-19
そのためジムは休会が続いた
CLOSE
今月1回も行ってないのに…
そこで
じゃーーーん
ネットで自宅用の筋トレセットを購入
ふんぬっ
ジムはきっぱりヤメました!!
※この筋トレセットジム2ヶ月分の会費でお釣りがくるお値段

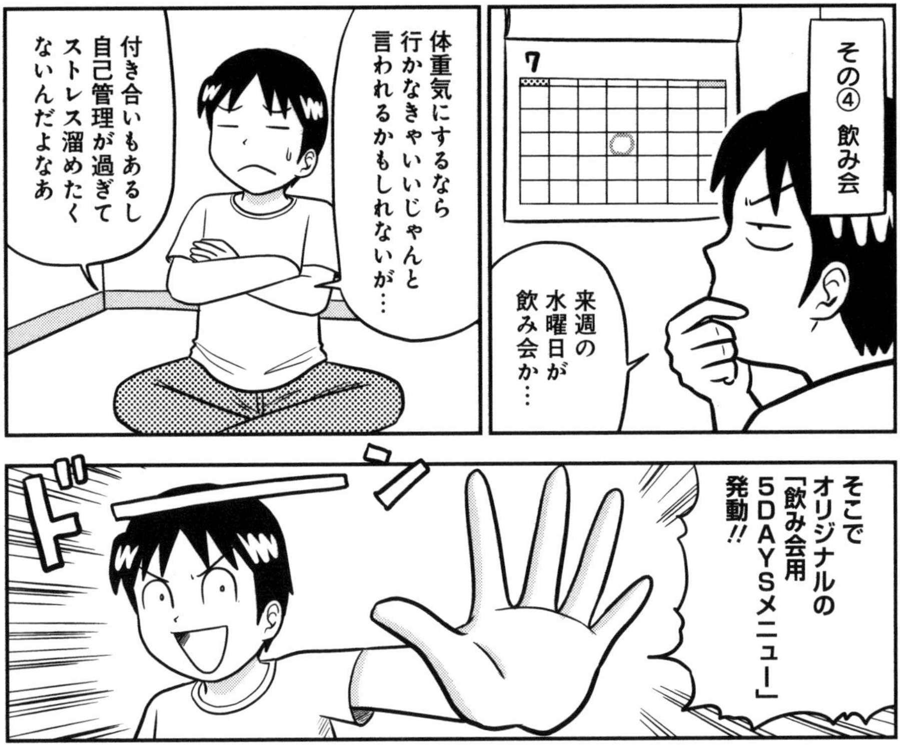
その④ 飲み会
7
来週の水曜日が飲み会か…
体重気にするなら行かなきゃいいじゃんと言われるかもしれないが…
付き合いもあるし自己管理が過ぎてストレス溜めたくないんだよなあ
ドーン
そこでオリジナルの「飲み会用5DAYSメニュー」発動!!

☆飲み会用オリジナル5DAYSメニュー☆

翌々日	翌日	飲み会当日	前日	前々日
食事は糖質少なめで お酒は飲んでも 1缶まで	この日が一番肝心!! 妙におなかが空くがこれは錯覚 食事は日中を通して少なめに (お酒は控える)	朝食、昼食は控えめに 飲み会時は思い切り 飲み食いして楽しむ	食事は糖質を控える お酒は飲まない 出来ればウォーキング・筋トレを	食事は糖質少なめで お酒は飲んでも 1缶まで

メリハリが大事!!

こうして一日単位ではなく
大きく5日単位で考えることにより
飲み会での体重増への影響を
最小限に抑えることが出来た
しつこいようですが
一番肝心なのは
飲み会翌日の食事!!
身体が脱水状態なので
体重を量れば減ってるから
カン違いして食べがち!!
その他に
習慣づけたことは…
お腹減った〜
冷蔵庫に何か
あったかな…
ぴたっ
いや待て…
俺は本当に今
お腹が減って
いるのか？
減ってるとすれば
どのくらい
減ってるんだ？
ブツ
ブツ
ブツ
ブツ
ブツ
倒れそうなほど
減ってるのか？
いや
倒れそうではない
ということは…
このくらいの量で
充分だな
食事はゆっくり
よくかんで
突発的な食欲に
自問自答タイムを
導入した
そんな生活を
やんわりと続けていると…
おっ!!

85.2キロ!!
下がってきたし このままキープだな!!
ダイエット終了時の84キロには及ばないけど…
まあ 好きなものも食べて お酒も飲めてるし このくらいならよしとするか!!
気楽にいきましょ
人は
欲望のままに生きるのは簡単だ
しかし
その反対の欲望のままに生きないことも
ラジオや音楽聴きながらのウォーキングは楽しいな～♪
実はそんなに難しくはなかったりする
全てはきっとほんの少しの意識改革で変われるものなんだ
最後までお読みいただきありがとうございました!!

市川ヒロシ

（いちかわ・ひろし）

嬉しい…!!
やせたのを人に認められるのってこんなにも嬉しいものなのか…!!

1976年広島県出身。『2人暮らし』で第244回ヤングマガジン月間新人漫画賞を受賞。現在はグルメ漫画、パチスロ漫画などを連載。自身も料理が得意で、Twitterでは漫画ネタ以外に自作のおつまみや料理のレシピもアップ。近著に『里村さんの欲望ダダ漏れごはん』『はつくい転校生』など。過去作の『どんぶり委員長』電子版が2020年春、AmazonのKindle版コミックランキングで1位になるなど話題になり、同年10月24日～ BSテレ東 真夜中ドラマ枠にてドラマ化。

Twitter: @ichikawahiroshi

やせタイ
yasetai
42歳のおっさんが
2か月で
12kg痩せた話
市川ヒロシ

※本書はウェブサイト「よみタイ」（https://yomitai.jp/）に連載していた『42歳のおっさんが2か月で12kg痩せた話』（2019年11月〜2020年7月）に、加筆・修正、描き下ろしを加え、再編集したものです。
※本書の内容はあくまでも個人の体験によるものです。ご自身の体調や体質もふまえ、無理のない範囲で参考にしてください。

装丁・デザイン　三森健太（JUNGLE）
本文製版　昭和ブライト写植部
校正　加藤　優

きゅ…97キロ!!?
い…1年で12キロも増えたってこと…!!?
な…なんだ…? 食事も生活習慣も同じなのに急に体重が落ちなくなったぞ…?
客の中で一人だけ
目標達成したら真っ先に食べるっ!!
コケッコラーメン
ほーら その気になりゃ やせられるんだよ
よ〜し このペースで1年かけて太ったのを1年かけて元に戻せばいいや
ワシって全然食べてないのに やせんのよねー
言った!! 同じこと言った!!
あっという間に糖質制限冷やし中華の出来上がり〜!!
バーン
つまり人としての普通の生活に戻す!!

え〜⁉ なんでワザと太ってる感じで撮るの〜⁉
はあ⁉ 知らんわ 普通に撮っただけや‼
…今日も減ってる‼
87.8 kg
ついに
台‼
誰もやせたと言ってくれん‼
午後7時 夕食
メニューは 焼き魚
す…素直に これが一番 うれしい…
に…2ケ月 頑張って よかった…
もっときちんと 食べてください

欲《よく》望《ぼう》のままに生《い》きるのをやめたら、2ヶ月《げつ》で12kgやせてました

42歳《さい》・インドア漫《まん》画《が》家《か》

2020年10月31日　第1刷発行

著　者　市川《いちかわ》ヒロシ
発行者　樋口尚也
発行所　株式会社　集英社
〒101－8050　東京都千代田区一ツ橋2－5－10
電話　編集部　03－3230－6143
読者係　03－3230－6080
販売部　03－3230－6393（書店専用）

印刷所　大日本印刷株式会社
製本所　ナショナル製本協同組合

ISBN978-4-08-788047-2 C0077